AF265662

27
Ln. 17185.
B.

ÉLOGE

DE

M. LE COMTE REINHART,

Prononcé a l'Académie des sciences morales et politiques,
par M. le P. de Talleyrand,

Dans la séance du 3 mars 1838.

PARIS,

CHEZ WARÉE GABRIEL, LIBRAIRE,
QUAI VOLTAIRE, N° 21.

M DCCC XXXVIII.

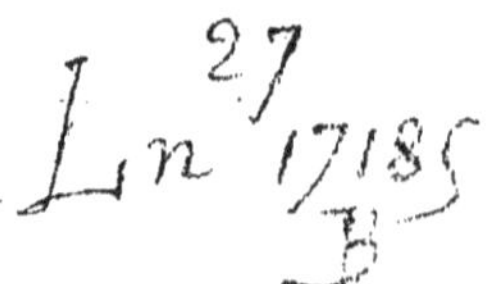

Messieurs,

J'étais en Amérique, lorsque l'on eut la bonté de me nommer membre de l'Institut, et de m'attacher à la classe des sciences morales et politiques à laquelle j'ai, depuis son origine, l'honneur d'appartenir.

A mon retour en France, mon premier soin fut de me rendre à ses séances, et de témoigner aux personnes qui la composaient alors, et dont plusieurs nous ont laissé de justes regrets, le plaisir que j'avais de me trouver un de leurs collègues. A la première séance à laquelle j'assistai, on renouvelait le bureau, et on me fit l'honneur de me nommer secrétaire. Le procès-verbal que je rédigeai pendant six mois avec autant de soin que je le pouvais, portait, peut-être un peu trop, le caractère de ma déférence; car j'y rendais compte d'un travail qui m'était fort étranger. Ce travail, qui sans doute avait coûté bien des recherches, bien des veilles à un de nos plus savants collègues, avait pour titre : *Dissertation sur les lois ripuaires*. Je fis aussi à la même époque, dans nos assemblées publiques, quelques lectures que l'indulgence, qui m'était accordée alors, a fait insérer dans les Mémoires de l'Institut. Depuis cette époque, quarante années se sont écoulées, durant lesquelles cette tribune m'a été comme interdite, d'abord par beaucoup d'absences, ensuite par des fonctions auxquelles mon devoir était d'appartenir tout entier ; je dois dire aussi, par la discrétion que les temps difficiles exigent d'un homme livré aux affaires ; et enfin, plus tard, par les infirmités que la vieillesse amène d'ordinaire avec elle, ou du moins qu'elle aggrave toujours.

Mais aujourd'hui j'éprouve le besoin et je regarde comme un devoir de m'y présenter une dernière fois, pour que la mémoire d'un homme connu dans toute l'Europe, d'un homme que j'aimais, et qui, depuis la formation de l'Institut, était notre collègue, reçoive ici un témoignage public de notre estime et de nos regrets. Sa position et la mienne me mettent dans le cas de révéler plusieurs de ses mérites. Son principal, je ne dis pas son unique titre de gloire, consiste dans une correspondance de quarante années, nécessairement ignorée du public, qui, très-probablement, n'en aura jamais connaissance. Je me suis dit : Qui en parlera dans cette enceinte ? qui sera surtout dans l'obligation d'en parler, si ce n'est moi, qui en ai reçu la plus grande part, à qui elle fut toujours si agréable, et souvent si utile dans les fonctions ministérielles que j'ai eues à remplir sous trois règnes... très-différents ?

Le comte Reinhart avait trente ans et j'en avais trente-sept quand je le vis pour la première fois. Il entrait aux affaires avec un grand fonds de connaissances acquises. Il savait bien cinq ou six langues dont les littératures lui étaient familières. Il eût pu se rendre célèbre comme poëte, comme historien, comme géographe; et c'est en cette qualité qu'il fut membre de l'Institut, dès que l'Institut fut créé.

Il était déjà, à cette époque, membre de l'Académie des sciences de Goëttingue. Né et élevé en Allemagne, il avait publié dans sa jeunesse quelques pièces de vers qui l'avaient fait remarquer par Gesner, par Wieland, par Schiller. Plus tard, obligé pour sa santé de prendre les eaux de Carlsbad, il eut le bonheur d'y trouver et d'y voir souvent le célèbre Goëthe, qui apprécia assez son goût et ses connaissances pour désirer d'être averti par lui de tout ce qui faisait quelque sensation dans la littérature française. M. Reinhart le lui promit : les engagements de ce genre, entre les hommes d'un ordre supérieur, sont toujours réciproques et deviennent bientôt des liens d'amitié ; ceux qui se formèrent entre M. Reinhart et Goëthe donnèrent lieu à une correspondance que l'on imprime aujourd'hui en Allemagne.

On y verra, qu'arrivé à cette époque de la vie où il faut définitivement choisir l'état auquel on se croit le plus propre, M. Reinhart fit sur lui-même, sur ses goûts, sur sa position et sur celle de sa famille un retour sérieux qui précéda sa détermination ; et alors, chose remarquable pour le temps, à des carrières où il eût pu être indépendant, il en préféra une où il ne pouvait l'être. C'est à la carrière diplomatique qu'il donna la préférence, et il fit bien : propre à tous les emplois de cette carrière, il les a successivement tous remplis, et tous avec distinction.

Je hasarderai de dire ici que ses études premières l'y avaient heureusement préparé. Celle de la théologie surtout, où il se fit remarquer dans le séminaire de Denkendorf et dans celui de la Faculté protestante de Tubingue, lui avait donné une force et en même temps une souplesse de raisonnement que l'on retrouve dans toutes les pièces qui sont sorties de sa plume. Et pour m'ôter à moi-même la crainte de me laisser aller à une idée qui pourrait paraître paradoxale, je me sens obligé de rappeler ici les noms de plusieurs de nos grands négociateurs, tous théologiens, et tous remarqués par l'histoire comme ayant conduit les affaires politiques les plus importantes de leurs temps : le cardinal chancelier Duprat, aussi versé dans le droit canon que dans le droit civil, et qui fixa avec Léon X les bases du concordat, dont plusieurs dispositions subsistent encore aujourd'hui. — Le cardinal d'Ossat, qui, malgré les efforts de plusieurs grandes puissances, parvint à réconcilier Henri IV avec la cour de Rome. Le recueil de lettres qu'il a laissé est encore prescrit aujourd'hui aux jeunes gens qui se destinent à la carrière politique. — Le cardinal de Polignac, théologien, poëte et négociateur, qui, après tant de guerres malheureuses, sut conserver à la France, par le traité d'Utrecht, les conquêtes de Louis XIV.

C'est aussi au milieu de livres de théologie qu'avait été commencée par son père, devenu évêque de Gap, l'éducation de M. de Lyonne, dont le nom vient de recevoir un nouveau lustre par une récente et importante publication.

Les noms que je viens de citer me paraissent suffire pour justifier l'influence qu'eurent, dans mon opinion, sur les habitudes d'esprit de M. Reinhart, les premières études vers lesquelles l'avait dirigé l'éducation paternelle.

Les connaissances à la fois solides et variées qu'il y avait acquises l'avaient fait appeler à Bordeaux pour remplir les honorables et modestes fonctions de précepteur dans une famille protestante de cette ville.

Là, il se trouva naturellement en relation avec plusieurs des hommes dont le talent, les erreurs et la mort jetèrent tant d'éclat sur

*

notre première assemblée législative. M. Reinhart se laissa facilement entraîner par eux à
s'attacher au service de la France.

Je ne m'astreindrai point à le suivre pas à
pas à travers les vicissitudes dont fut remplie
la longue carrière qu'il a parcourue. Dans les
nombreux emplois qui lui furent confiés,
tantôt d'un ordre élevé, tantôt d'un ordre in-
férieur, il semblerait y avoir une sorte d'inco-
hérence, et comme une absence de hiérarchie
que nous aurions aujourd'hui de la peine à
comprendre. Mais à cette époque il n'y avait
pas plus de préjugés pour les places qu'il n'y
en avait pour les personnes. Dans d'autres
temps, la faveur, quelquefois le discernement,
appelaient à toutes les situations éminentes.
Dans le temps dont je parle, bien ou mal,
toutes les situations étaient conquises. Un
pareil état de choses mène bien vite à la con-
fusion.

Aussi, nous voyons M. Reinhart, premier
secrétaire de la légation à Londres. — Occu-

pant le même emploi à Naples. — Ministre
plénipotentiaire auprès des villes anséatiques,
Hambourg, Bremen et Lubeck. — Chef de
la 3e division au département des affaires
étrangères. — Ministre plénipotentiaire à
Florence. — Ministre des relations extérieu-
res. — Ministre plénipotentiaire en Helvétie.
— Consul général à Milan. — Ministre plénipotentiaire près le cercle de Basse-Saxe.
— Résident dans les provinces turques au
delà du Danube et commissaire général des
relations commerciales en Moldavie. — Ministre plénipotentiaire auprès du roi de
Westphalie. — Directeur de la chancellerie
du département des affaires étrangères. —
Ministre plénipotentiaire auprès de la diète
germanique et de la ville libre de Francfort,
et enfin, ministre plénipotentiaire à Dresde.

Que de places, que d'emplois, que d'intérêts confiés à un seul homme, et cela, à une
époque où les talents paraissaient devoir être
d'autant moins appréciés que la guerre sem-

blait, à elle seule, se charger de toutes les affaires.

Vous n'attendez donc pas de moi, Messieurs, qu'ici je vous rende compte en détail, et date par date, de tous les travaux de M. Reinhart dans les différents emplois dont vous venez d'entendre l'énumération. Il faudrait faire un livre.

Je ne dois parler devant vous que de la manière dont il comprenait les fonctions qu'il avait à remplir, qu'il fût chef de division, ministre ou consul.

Quoique M. Reinhart n'eût point alors l'avantage qu'il aurait eu quelques années plus tard, de trouver sous ses yeux d'excellents modèles, il savait déjà combien de qualités, et de qualités diverses, devaient distinguer un chef de division des affaires étrangères. Un tact délicat lui avait fait sentir que les mœurs d'un chef de division devaient être simples, régulières, retirées ; qu'étranger au tumulte du monde, il devait vivre uniquement pour les affaires et leur vouer un secret impénétrable ; que toujours prêt à répondre sur les faits et sur les hommes, il devait avoir sans cesse présents à la mémoire tous les traités, connaître historiquement leurs dates, apprécier avec justesse leurs côtés forts et leurs côtés faibles, leurs antécédents et leurs conséquences, savoir enfin les noms des principaux négociateurs, et même leurs relations de famille ; que tout en faisant usage de ces connaissances, il devait prendre garde à inquiéter l'amour-propre toujours si clairvoyant du ministre, et qu'alors même qu'il l'entraînait à son opinion, son succès devait rester dans l'ombre ; car il savait qu'il ne devait briller que d'un éclat réfléchi ; mais il savait aussi que beaucoup de considération s'attachait naturellement à une vie aussi pure et aussi modeste.

L'esprit d'observation de M. Reinhart ne s'arrêtait point là ; il l'avait conduit à comprendre combien la réunion des qualités

nécessaires à un ministre des affaires étrangères est rare. Il faut en effet qu'un ministre
des affaires étrangères soit doué d'une sorte
d'instinct qui, l'avertissant promptement,
l'empêche, avant toute discussion, de jamais
se compromettre. Il lui faut la faculté de se
montrer ouvert en restant impénétrable ;
d'être réservé avec les formes de l'abandon,
d'être habile jusque dans le choix de ses dis-
tractions ; il faut que sa conversation soit sim-
ple, variée, inattendue, toujours naturelle
et parfois naïve ; en un mot, il ne doit pas
cesser un moment, dans les vingt-quatre heu-
res, d'être ministre des affaires étrangères.

Cependant, toutes ces qualités, quelque
rares qu'elles soient, pourraient n'être pas
suffisantes, si la bonne foi ne leur donnait
une garantie dont elles ont presque toujours
besoin. Je dois le rappeler ici, pour détruire
un préjugé assez généralement répandu : —
Non, la diplomatie n'est point une science
de ruse et de duplicité. Si la bonne foi est

nécessaire quelque part, c'est surtout dans les transactions politiques, car c'est elle qui les rend solides et durables. On a voulu confondre la réserve avec la ruse. La bonne foi n'autorise jamais la ruse, mais elle admet la réserve : et la réserve a cela de particulier, c'est qu'elle ajoute à la confiance.

Dominé par l'honneur et l'intérêt de son pays, par l'honneur et l'intérêt du prince, par l'amour de la liberté, fondé sur l'ordre et sur les droits de tous, un ministre des affaires étrangères, quand il sait l'être, se trouve ainsi placé dans la plus belle situation à laquelle un esprit élevé puisse prétendre.

Après avoir été un ministre habile, que de choses il faut encore savoir pour être un bon consul! Car les attributions d'un consul sont variées à l'infini; elles sont d'un genre tout différent de celles des autres employés des affaires étrangères. Elles exigent une foule de connaissances pratiques pour les-quelles une éducation particulière est nécessaire. Les consuls sont dans le cas d'exercer dans l'étendue de leur arrondissement, vis-à-vis de leurs compatriotes, les fonctions de juges, d'arbitres, de conciliateurs; souvent ils sont officiers de l'état civil; ils remplissent l'emploi de notaires, quelquefois celui d'administrateurs de la marine; ils surveillent et constatent l'état sanitaire; ce sont eux qui, par leurs relations habituelles, peuvent donner une idée juste et complète de la situation du commerce, de la navigation et de l'industrie particulière au pays de leur résidence. Aussi, M. Reinhart, qui ne négligeait rien pour s'assurer de la justesse des informations qu'il était dans le cas de donner à son gouvernement, et des décisions qu'il devait prendre comme agent politique, comme agent consulaire, comme administrateur de la marine, avait-il fait une étude approfondie du droit des gens et du droit maritime. Cette étude l'avait conduit à croire qu'il arriverait un temps où, par des combinaisons habilement préparées, il s'établirait un système général de commerce et de navigation dans lequel les intérêts de toutes les nations seraient respectés, et dont les bases fussent telles que la guerre elle-même n'en pût altérer le principe, dût-elle suspendre quelques-unes de ses conséquences. Il était aussi parvenu à résoudre avec sûreté et promptitude toutes les questions de change, d'arbitrage, de conversion des monnaies, de poids et mesures, et tout cela sans que jamais aucune réclamation se soit élevée contre les informations qu'il avait données et contre les jugements qu'il avait rendus. Il est vrai aussi que la considération personnelle qui l'a suivi dans toute sa carrière donnait du poids à son intervention dans tous les affaires dont il se mêlait et à tous les arbitrages sur lesquels il avait à prononcer.

Mais, quelque étendues que soient les connaissances d'un homme, quelque vaste que soit sa capacité, être un diplomate complet est bien rare ; et cependant M. Reinhart l'aurait peut-être été, s'il eût eu une qualité de plus ; il voyait bien, il entendait bien ; la plume à la main, il rendait admirablement compte de ce qu'il avait vu, de ce qui lui avait été dit. Sa parole écrite était abondante, facile, spirituelle, piquante ; aussi, de toutes les correspondances diplomatiques de mon temps, il n'y en avait aucune à laquelle l'empereur Napoléon, qui avait le droit et le besoin d'être difficile, ne préférât celle du comte Reinhart. — Mais ce même homme qui écrivait à merveille s'exprimait avec difficulté. Pour accomplir ses actes, son intelligence demandait plus de temps qu'elle n'en pouvait obtenir dans la conversation. Pour que sa parole interne pût se reproduire facilement, il fallait qu'il fût seul et sans intermédiaire.

Malgré cet inconvénient réel, M. Reinhart réussit toujours à faire, et bien faire, tout ce dont il était chargé. Où donc trouvait-il ses moyens de réussir, où prenait-il ses inspirations ?

Il les prenait, Messieurs, dans un sentiment vrai et profond qui gouvernait toutes ses actions, dans le sentiment du devoir. — On ne sait pas assez tout ce qu'il y a de puissance dans ce sentiment. Une vie tout entière au devoir est bien aisément dégagée d'ambition. La vie de M. Reinhart était uniquement employée aux fonctions qu'il avait à remplir, sans que jamais chez lui il y eût trace de calcul personnel ni de prétention à quelque avancement précipité.

Cette religion du devoir, à laquelle M. Reinhart fut fidèle toute sa vie, consistait en une soumission exacte aux instructions et aux ordres de ses chefs; dans une vigilance de tous les moments, qui, jointe à beaucoup de perspicacité, ne les laissait jamais dans l'ignorance de ce qu'il leur importait de savoir; en une rigoureuse véracité dans tous ses rapports, qu'ils dussent être agréables ou déplaisants; dans une discrétion impénétrable, dans une régularité de vie qui appelait la confiance et l'estime; dans une représentation décente, enfin dans un soin constant à donner aux actes de son gouvernement la couleur et les explications que réclamait l'intérêt des affaires qu'il avait à traiter.

Quoique l'âge eût marqué pour M. Reinhart le temps du repos, il n'aurait jamais demandé sa retraite, tant il aurait craint de montrer de la tiédeur à servir dans une carrière qui avait été celle de toute sa vie. Il a fallu que la bienveillance royale, toujours si attentive, fût prévoyante pour lui, et donnât à ce grand serviteur de la France la situation la plus honorable en l'appelant à la chambre des pairs.

M. le comte Reinhart n'a pas joui assez longtemps de cet honneur, et il est mort presque subitement le 25 décembre 1837.

M. Reinhart s'était marié deux fois. Il a laissé du premier lit un fils qui est aujourd'hui dans la carrière politique. Au fils d'un tel père, tout ce qu'on peut souhaiter de mieux, c'est de lui ressembler.

Typographie de Firmin Didot frères, rue Jacob, n° 56.